MODES ET MANIÈRES D´AUJOURD´HUI

1913

MODES ET MANIÈRES D´AUJOURD´HUI

1913

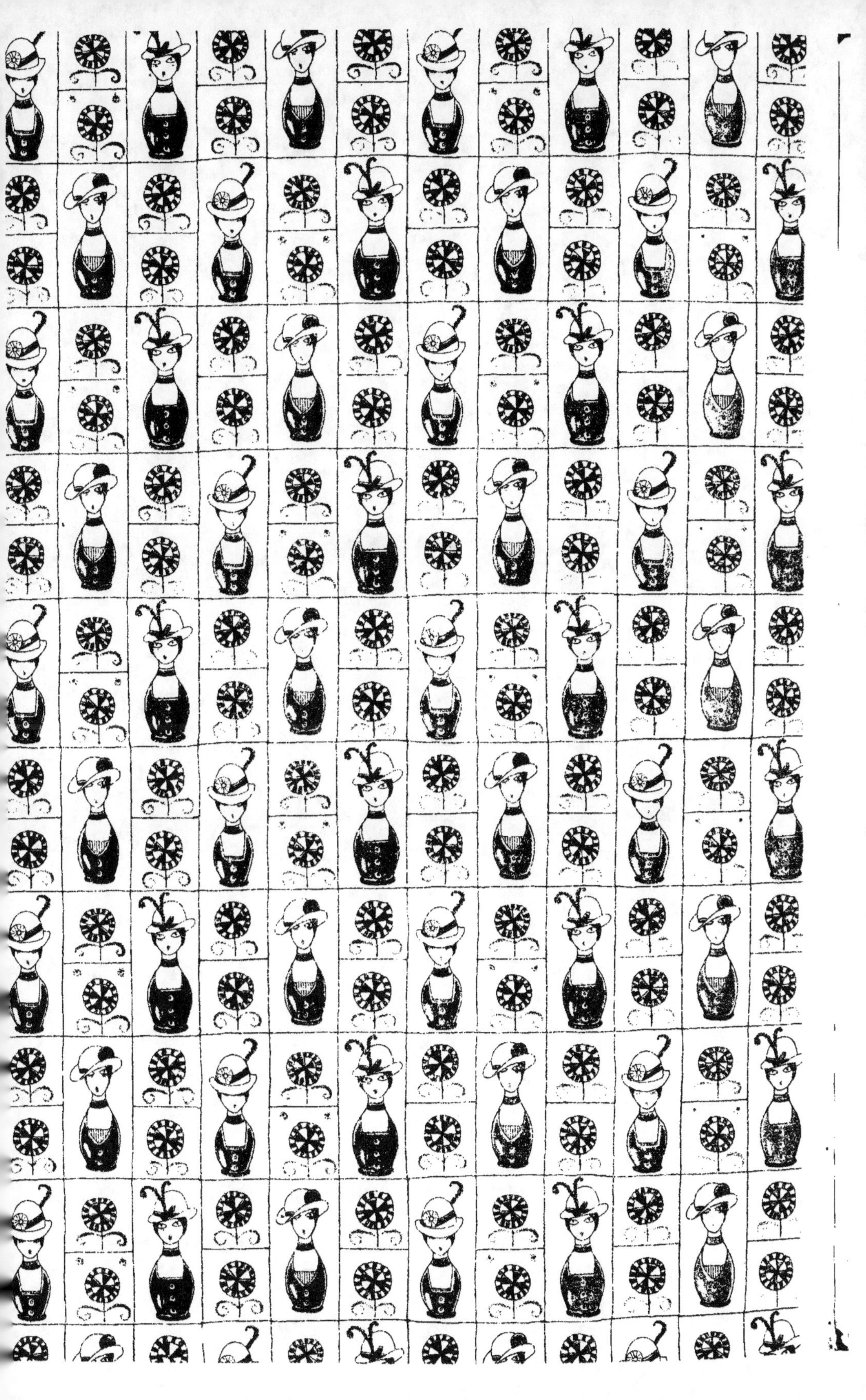

MODES ET MANIÈRES D´AUJOURD´HUI

MARTIN PEIGNIT CES 12 GOUACHES,
LA PRÉFACE EST DE NOZIÈRE

1913

CET OUVRAGE A ÉTÉ TIRÉ
A TROIS CENTS EXEMPLAIRES :

Douze exemplaires, sur papier du
Japon, provenant des Manufactures
de Shidzuoka, dédicacés, comprenant
chacun un des originaux ayant servi
a l'illustration de l'ouvrage et numérotés de un a douze.

Dix-sept exemplaires, sur le même
papier, dédicacés, avec remarques
originales et numérotés de treize a
vingt-neuf.

Deux cent soixante et onze exemplaires sur le même papier, numérotés de trente a trois cents.

JUSTIFICATION DU TIRAGE :

Exemplaire Nᵒ 9

MODES ET MANIÈRES
D'AUJOURD'HUI

Il ne faut point croire que les variations de la mode soient indignes d'intéresser le sage. Elles nous révèlent en effet les préoccupations d'un peuple. Il suffit que nous apercevions le costume féminin du moyen âge et nous connaissons aussitôt l'austérité de ce temps. Les étoffes somptueuses de la Renaissance attestent l'amour de la vie. La rigidité des robes nous rappelle que, sous Louis XIV, l'étiquette fut stricte. A la fin du dix-huitième siècle, Marie-Antoinette et ses amies choisissent, au contraire, la simplicité : on voit que les doctrines de Jean-Jacques Rousseau triomphent ; on a besoin de candeur et de rusticité. Bientôt les belles s'inspirent des anciens, comme les grands hommes de la Révolution et le peintre David. Ainsi l'histoire du costume est l'histoire des idées.

Si nous cherchons à nous souvenir des modes qui, depuis une trentaine d'années, se sont imposées et ont disparu, nous ferons des constatations probantes. Nul n'a oublié que les femmes adoptèrent la *tournure*. Cette invention excita la verve des vaudevillistes et des poètes qui écrivent des chansons pour le café-concert. S'il

faut ajouter foi à leurs fantaisies, un grand nombre de belles auraient perdu dans les bois ou en chemin de fer ce coussin mystérieux qui était placé sous la taille et qui donnait à la Parisienne une apparence d'embonpoint. Ce développement postérieur coïncide, si j'ose dire, avec l'épanouissement du réalisme. Au moment où tout le monde était las de la littérature romanesque et de l'art faussement idéaliste, la femme renonce à la maigreur poétique ; elle fut résolument saine ; elle tint en dédain l'esprit et donna la préférence à la matière. Armand Sylvestre, se réclamant de Rabelais qui ne pouvait protester, écrivait ses contes gras. La mode de la tournure paraît en être l'illustration.

Le symbolisme n'a pas laissé sur la mode une trace moins forte. Le triomphe de Wagner donna aux femmes le goût des robes pailletées qui faisaient songer à l'armure de la Walkirie et aussi des coiffures dont les ailes étaient empruntées aux héros de la Tétralogie. Les Françaises devinrent minces. Elles avaient banni la tournure. Elles voulurent être impalpables comme les vierges des Primitifs italiens. Les peintres préraphaélites d'Angleterre leurs fournissaient l'exemple d'une immatérialité presque morbide ; les soies souples, les nuances vagues du Liberty furent les produits de ce *préraphaélisme...* Où en sommes-nous aujourd'hui ?

Le ballet russe a eu sur la mode une profitable influence. Les couleurs franches que M. Bakst a employées pour les décors et les costumes ont éloigné la femme des tons incertains et vagues.

Un de ces divertissements, *Shéhérazade*, obtint un succès tout particulier. Aussi les Parisiennes se transformèrent en sultanes. Il ne faut point croire qu'elles étaient curieuses de s'abandonner, comme la danseuse Rubinstein, aux bras d'un nègre robuste et élégant comme celui que figurait Nijinski. Elles étaient préparées aussi à sentir le charme de l'ancien Orient grâce à la traduction des *Mille et une nuits* qu'avait publiée le docteur Mardrus. Depuis quelques années déjà des élégantes portaient le turban. Il y avait une réaction contre l'esprit pratique et sportif.

JE ne dis pas que la Parisienne renonce à prendre un exercice salutaire. Jamais on n'entendit autant parler de *footing*, de *tennis*, de *golf*. Mais il est évident que l'élégante ne veut plus donner l'impression d'une créature qui adore le plein air. Elle cherche une ligne languissante qui ne correspond pas à la vigueur rythmée de la gymnastique, mais à l'amollissement du sérail. Les sil-houettes de nos contemporaines donnent une impression de fatigue, leurs épaules sont souvent serrées, la poitrine se creuse. Les femmes ressemblent un peu aux *gommeux* dont Grévin nous a laissé les images. Ils étouffaient dans leurs natures étriquées dont le cou n'était pas dégagé et la hauteur de leurs talons en-travait leur marche. Les femmes d'aujourd'hui s'avancent comme ces élégants d'hier. Elles ont comme eux un air contraint et un peu douloureux. Déjà l'entrave avait été une protestation excessive contre le costume rationnel. Au moment où des femmes, suffra-gettes, éclaireuses, veulent prendre part comme l'homme à l'acti-vité des pays, les élégantes par leur seule robe affirment leur

désir d'oisiveté. Qu'elles soient vêtues à la persane, qu'elles portent des costumes vaguement *empire* ou des *drapés*, elles vouent à la paresse leurs corps souples.

J AMAIS les femmes ne se sont révélées avec plus de générosité. Je n'oublie pas, que sous le Directoire, certaines allaient presque nues sous les galeries du Palais-Royal. Mais ce furent des années exceptionnelles. Il est naturel qu'après la Terreur et les atrocités de la Révolution, on ait éprouvé le besoin de réagir. Aujourd'hui les femmes se montrent avec une sorte de sérénité. Elles n'obéissent plus à un besoin de revanche, à une manière de reflexe : elles sont impudiques avec conscience. Nous ne devons pas nous en étonner. Déjà les femmes qui écrivent des romans nous avaient donné les détails les plus minutieux sur leurs intimes beautés. Nos compagnes ont l'orgueil de leurs corps. Il est possible que l'une d'elles avoue qu'elle n'a pas un joli visage ; mais on n'en trouvera aucune qui ne s'attriste d'avoir un vilain corps. En toute sincérité elles s'imaginent toutes que leurs robes recèlent d'inestimables trésors. Et d'ailleurs, depuis que les corps sont captifs et avilis, les hommes ont perdu le sentiment de la beauté. Ils ignorent en somme quelle femme est harmonieuse. Forain nous a montré un maître qui se glisse dans la chambre de sa cuisinière. La malheureuse a des épaules qui remontent et une gorge tortueuse : cependant, éperdu, le bourgeois s'écrie :

E T tu ne m'avais pas dit que tu étais si bien faite !

Il est sincère. — C'est que, dans certaines minutes d'émotion, les hommes perdent le sens de la mesure. Ils sont enclins à confondre leurs désirs avec la beauté. Comme ils ne sauraient, en général, voir un corps sans éprouver ce tumulte qui est contraire au juste sentiment des proportions, ils s'en remettent volontiers à ceux qui, par métier, conservent du sang-froid devant la femme, aux artistes, aux couturiers. De confiance, ils admettent qu'un modèle ou qu'un mannequin est digne d'admiration.

En imaginant un costume, la femme n'a point le souci de donner à l'homme l'illusion de la calme beauté. Elle veut l'intéresser et obtenir sa vénération. Elle s'applique à lui offrir de nouvelles images afin d'éveiller sa curiosité. Pendant de longues années elle eut la taille étroite et les hanches larges. Elle ressemblait assez à un pot de fleurs. Elle changea bientôt d'aspect. Les hanches disparurent et le ventre aussi. Aujourd'hui le corps tend à garder ses lignes, sa liberté de mouvement. Il est même permis d'avoir un ventre. Les corsets impérieux ne sont plus ; le corps n'est plus comprimé ; on le sent à l'aise sous les robes légères. Il n'est pas nécessaire qu'un couturier nous permette d'apercevoir le bas de la jambe ; la mode nous livre aujourd'hui les secrets de la femme. Elle est nue comme une esclave de harem. Elle n'en éprouve nulle gêne parce qu'elle est panthéiste, comme chacun sait. Il se peut qu'elle ait conservé la foi chrétienne, mais elle l'accommode avec les exigeances d'un amour qui comprend les mythes païens. Toujours l'exemple des dieux antiques fut invoqué par les modernes qui voulaient manquer aux lois de la

morale. Mercure, Bacchus, Vénus servent d'excuses à l'escroc, à l'ivrogne, au débauché. Notre contemporaine, qui professa le culte de la nature, ne se contente plus aujourd'hui des divinités athéniennes. Elle demande des conseils aux prêtres, ou plutôt aux poètes de l'Orient. Elle ignore les styles ; mais elle sait vaguement que la philosophie persane n'aurait pas déplu à Épicure. Tout se résume pour elle dans les amours du rossignol et de la rose. Elle est la fleur qui attend l'oiseau amoureux.

Elle ressemble en effet à une plante délicate. Le corps est la tige flexible et la tête la fleur qui s'incline. Elle est délibérément décorative. Elle est faite pour orner de sa beauté la maison et pour prendre des attitudes satisfaisantes. Son visage, aux cheveux plats, a une netteté simplifiée. Les yeux agrandis, la bouche marquée de rouge sont des valeurs picturales. Existe-t-elle réellement ? N'est-elle qu'une figure imaginée par l'architecte pour l'harmonie de l'appartement ? Elle remue peu ; elle est volontiers hiératique. Il en résulte qu'elle semble une énigme et nous sommes disposés à lui prêter des méditations auxquelles jamais elle ne s'abandonna.

Habile à se draper dans la fourrure ou à porter un manteau difficile et majestueux elle ne nous rappelle point la petite femme chère à Meilhac et Halévy, la Parisienne dont la robe faisait *frou frou frou frou* et les petits pieds *toc toc toc*. Sa robe ne fait plus *frou frou* ; car elle n'a plus de dessous. Elle s'avance silencieusement. Ses pieds ne font plus *toc toc toc*, car elle ne trottine

pas; elle glisse. Elle évoque plutôt les héroïnes de Baudelaire. Elle se développe avec indifférence et elle peut à la rigueur faire songer au serpent qui danse au bout d'un bâton. Nous sommes loin des quadrilles d'Offenbach. Elle se plaît seulement au rythme berceur de la valse lente, du double boston, du tango. Il peut lui arriver cependant, quand elle va se mettre au lit, d'esquisser une danse d'allégresse à la façon d'Isadora Duncan. Elle a le sens décoratif.

Il est bien doux de contempler toutes ces contemporaines aux gestes précis et précieux. Elles nous offrent une succession de tableaux qui sont toujours délicieux et nous pouvons croire qu'elles pensent profondément comme tel portrait de femme qu'un maître nous laissa. Mais si elles gardent le mystère de leur intelligence, il faut avouer qu'elles ne conservent pas assez le mystère de leur corps. Je pense qu'il était agréable au dix-huitième siècle de voir sortir d'une ample robe une créature délicate et qu'on avait peine a reconnaître; on devait avoir la même joie, pendant le second Empire, quand une belle abandonnait sa crinoline. Aujourd'hui les femmes que nous apercevons dans les rues, dans les théâtres, dans les salons, ne nous cachent que leurs pensées.

Elles estiment sans doute que c'est l'essentiel. Elles sont idéalistes.

De quoi demain sera-t-il fait ? Tout le monde l'ignore. Mais il est certain que dans quelques années, les Parisiennes ne ressem-

bleront guère à leur apparence d'aujourd'hui. Quand on feuillettera les albums de mode on dira :

Est-il possible qu'on se soit jamais habillé ainsi ?

Il nous est déjà difficile de croire que les femmes ont porté d'immenses chapeaux. Et cependant ils étaient très jolis. Tout change. La mode aux tons francs s'évanouira; on tiendra en mépris les précieuses indications dues aux peintres. On reviendra à l'harmonie facile, au *flou*, au gris. Mais les tons violents sont, paraît-il, une preuve de santé. Il est naturel que la femme les ait adoptés au moment précis ou le pays se rajeunit, se guérit. Nul n'ignore en effet que nous assistons à un réveil national. C'est pourquoi dans quelques mois, on se détournera de l'Orient et de la Russie pour s'inspirer des costumes chers à nos vieilles mamans. On se servira beaucoup des dentelles, des dentelles françaises naturellement ! Les élégantes auront quelque mal à se rappeler qu'elles furent des sultanes. Les bals à Ispahan, les imitations des miniatures persanes les feront sourire. Si l'empire ottoman s'écroule elles accepteront peut-être les modes des principautés balkaniques : ne subit-on pas facilement l'influence des vainqueurs ? Mais ce serait encore une note slave et violente. Il est vrai que parmi les alliés il y a les Grecs. Entendraient-elles encore les conseils de l'antique Athènes ?

Je n'y verrais nul inconvénient : mais il est certain qu'un souci

nouveau de moralité trouble en ce moment les esprits. On songe
à rétablir la Censure, on blâme la frivolité; on veut que tout le
monde se prépare à remplir les devoirs les plus graves. Il n'est
question que de guerre et de dévouement patriotique. Je crains
que les femmes ne renoncent à la noblesse du costume, qu'elles
n'acceptent une tenue un peu militaire, une allure dégagée et
belliqueuse. Je ne peux m'empêcher d'avoir un faible pour la
femme languissante et j'aime les robes qui semblent toujours
prêtes à se détacher.

NOZIÈRE.

Martin.

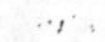

www.ingramcontent.com/pod-product-compliance
Lightning Source LLC
LaVergne TN
LVHW022347170726
843503LV00008B/3587